Renda Fixa com Lucidez: Estratégias Profissionais para sua Carteira de Investimentos

Diego Tresinari, Ph.D.

Diego Tresinari, Ph.D.

"O Regra número 1: nunca perca dinheiro.

Regra número 2: não esqueça a regra número

1.."

Warren Buffett

Índice

QUEM SOU EU (Diego Tresinari): 5

Informe "Investimentos em Renda Fixa com Lucidez" 10

CONSIDERAÇÕES FINAIS..33

CENTRO DE ESTUDOS FINANCEIROS (ASSESSORIA DE INVESTIMENTOS INDEPENDENTE) (www.centrodeestudosfinanceiros.com.br)....................................38

GLOSSÁRIO – TIPOS DE INVESTIMENTOS DISCUTIDOS (CDB, Certificado de Depósito Bancário)..49

GLOSSÁRIO – Fundo Garantidor de Créditos (FGC)..51

GLOSSÁRIO – TIPOS DE INVESTIMENTOS DISCUTIDOS (Tesouro Direto)....................55

OUTROS LIVROS – Liberdade Financeira Ayurvédica: Insights de Minha Jornada 57

OUTROS LIVROS – Ayurvedic Financial Freedom: Insights From My Wealth Journey (Edição em Inglês) 59

OUTROS LIVROS – Ações com Lucidez: a Saga de um Investidor Iniciante na Bolsa de Valores 61

OUTROS LIVROS – Investidor-Trader Lúcido: Acabando com a Polarização no Mundo dos Investimentos 62

SÉRIE DE LIVROS NA AMAZON – Investimentos com Lucidez 64

TUTORIAL – INCLUSÃO DOS INDICADORES DE ANÁLISE GRÁFICA DISCUTIDOS (Bandas de Bollinger e Médias Móveis) 67

ANÁLISE GRÁFICA SEGUNDO METODOLOGIA ZEN DO CEF 74

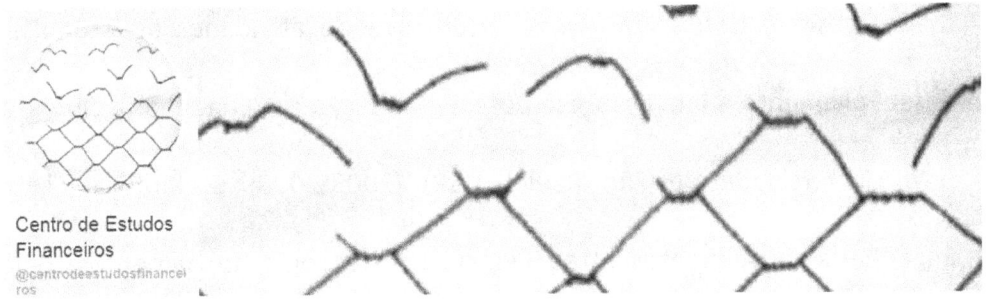

QUEM SOU EU (Diego Tresinari):

Sou investidor dos mercados imobiliários e financeiro (Investidor Qualificado segundo instrução CVM 554/2014) desde 2008. Fui Pesquisador Colaborador Senior na Unicamp (2011-2019) tendo realizado pós-doutorado na Suíça (2013) e Espanha (2016) na área de Engenharia Econômica. Adicionalmente, durante minha carreira acadêmica-científica contribui com a formação de diversos pesquisadores e ministrei cursos de extensão universitária sobre finanças pessoais na Unicamp. Em março de 2019 fundei o Centro de Estudos Financeiros. (https://www.centrodeestudosfinanceiros.com.br)

Resumé Acadêmico

Diego Tresinari, Ph.D.

Diego Tresinari desde 2004 vem desenvolvendo atividades de pesquisa, desenvolvimento e inovação. Ele possui graduação em Engenharia Química pela Universidade de São Paulo (USP) (2003-2008) e doutorado em Engenharia de Alimentos (Área Ciência e Tecnologia de Alimentos) pela Universidade Estadual de Campinas (UNICAMP) (2008-2011) (doutorado direto com período sanduíche no exterior). Atuou como Pesquisador Colaborador da Faculdade de Engenharia de Alimentos/UNICAMP (2011-2019) e como Membro Fundador da Comissão Gestora dos Equipamentos Multiusuários do Instituto Federal de Educação, Ciência e Tecnologia de São Paulo, Campus Capivari, tendo realizado estágio pós-doutoral no exterior na área de Engenharia Econômica na École Polytechnique Fédérale de Lausanne (Suíça) (05-2013/04-2014) e na Universidad de Valladolid (Espanha) (01-2016/12-2016). Adicionalmente, realizou estágios acadêmicos internacionais de curta duração na Universidad de Chile (Chile), na Dublin City University (Irlanda) e no CONICET-Bahía Blanca (Argentina). Recebeu 18 prêmios, destacando-se o Prêmio Capes de Tese 2012, o Leopold Hartman pela Sociedade Brasileira de Ciência e Tecnologia de Alimentos (SCBTA) e o de Mérito Científico (no COBEQ 2005) pela

Renda Fixa com Lucidez: Estratégias Profissionais para sua Carteira de Investimentos

Associação Brasileira de Engenharia Química (ABEQ), saindo em mais 25 notícias/comentários/entrevistas na mídia. Atuou como membro do corpo editorial para 21 periódicos internacionais publicados em diferentes editoras (Elsevier, Springer Nature, Bentham Science, etc.) sendo Founder Editor-in-Chief do Internacional Journal of Applied Chemistry and Chemical Engineering e como revisor para 70, bem como revisor de projetos e membro de comitê de assessoramento de diversas agências de fomento nacionais e internacionais, destacando-se a National Science Center (Polônia). Publicou 85 artigos em periódicos especializados, 41 capítulos de livro (Fator H = 24) e mais de 125 trabalhos em anais de eventos científicos; realizou mais de 135 pareceres técnicos. Participou de mais de 45 projetos de pesquisa, desenvolvimento tecnológico e extensão, tendo participado de atividades de empreendedorismo e transferência de tecnologia para o ambiente produtivo e social [Organização de empresas inovadoras, destacando-se à participação nos meses iniciais de criação da Startup FEXTRAT e consultorias/assessorias, destacando-se às realizadas para o Instituto Vita Nova, braço de pesquisa e inovação da empresa EMS e para a empresa Natura]. Participou de mais de 75 eventos no Brasil e no exterior, atuando na organização de 7 destes e sendo membro do comitê científico para 5. Participou na orientação de 2 teses de doutorado, 6 dissertações de mestrado, 2 trabalhos de iniciação cientifica, 1 trabalho de conclusão de curso de graduação e outros 7 trabalhos acadêmicos de curta duração nas áreas de Engenharia Química, Ciência e Tecnologia de Alimentos e Engenharia Econômica. Desenvolveu 13 processos/produtos de inovação tecnológica (sendo 2 pedidos de patente de invenção solicitados [INPI e IPI (Suiça)]. É autor de 10 livros, destacando-se os intitulados Antisolvent Precipitation Process e Supercritical Fluid Biorefining (abos da Springer) e foi Guest Editor para 2 edições especiais: uma para o International Journal of Chemical Engineering (sendo Lead Editor) e outra para o Journal of Chemistry (ambas da Hindawi). Mantém colaboração científica com diversas universidades do país e estrangeiras tais como: The Energy and Research Institute Northeastern Regional Centre/India; Universidad de Carabo/Venezuela; Universidad Técnica de Machala/Equador; James Cook University/Austrália; Universidad de Antioquia/Colômbia; Universidad Nacional Autónoma de Chota/Peru; UFRGN; UEFS; UFOP; entre outras. Em seu Currículo os termos mais freqüentes, na contextualização da produção cientifica e tecnológica são: Compostos Bioativos, Plantas Medicinais, Produtos Naturais, Biorefinaria, Avaliação Econômica (http://lattes.cnpq.br/2702529760353164).

Diego Tresinari, Ph.D.

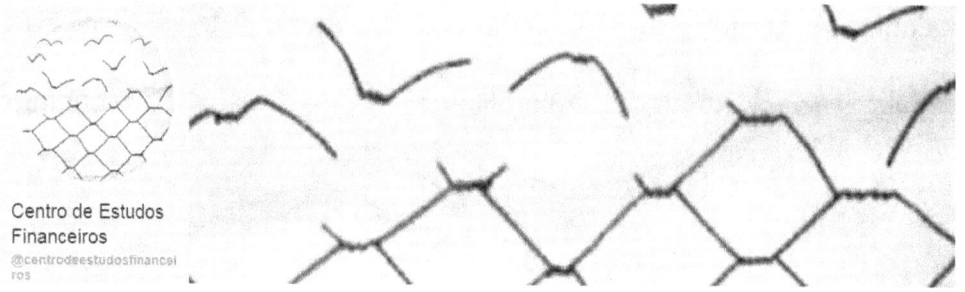

Informe "Investimentos em Renda Fixa com Lucidez"

Postado em Junho 2021 na página

www.facebook.com.br/centrodeestudosfinanceiros

Apresentação

Com o objetivo de fornecer material educacional gratuito o "Centro de Estudos Financeiros (CEF)" em caráter extraordinário elaborou o Informe "Investimentos em Renda Fixa com Lucidez". Mensalmente durante este ano de 2021 o CEF vem produzindo o Informe "Investimentos em Imóveis com Lucidez". Este último informe vem sendo elaborado e

Renda Fixa com Lucidez: Estratégias Profissionais para sua Carteira de Investimentos

distribuído na página do Facebook 1 vez por mês ficando arquivado na seção Fotos https://www.facebook.com/pg/centrodeestudosfinanceiros/photos/?ref=page_internal para consulta. Se você deseja ser avisado imediatamente quando o Informe é postado envie uma mensagem ao WhatsApp de número: (19) 9.9805-0484 solicitando o seu cadastro na lista de transmissão de WhatsApp. Como a elaboração deste Informe é dependente do "Timing de Mercado", uma vez que a idéia é apresentar estudos práticos para contribuir com a Educação Financeira de vocês, sugiro que solicitem a sua inclusão na lista de transmissão para poder acompanhar adequadamente este material. Anos anteriores realizei outras atividades educacionais também disponibilizadas gratuitamente mensalmente na forma de informes que hoje já se encontram no formato de livros com os títulos "Ações com Lucidez" (realizado em 2019) e Informe "Investidor-Trader Lúcido" (realizado em 2020). Se você desejar adquirir este livros e/ou outros, que fazem parte da série de livros "Investimentos com Lucidez acesse o link: https://www.amazon.com/-

Diego Tresinari, Ph.D.

/pt/gp/product/B08NGPLYNM?ref_=dbs_p_mng_rwt_ser_shvlr&storeType=ebooks.

Com taxa SELIC tão baixa porquê investir em Renda Fixa?

Para começarmos este informe extraordinário temos que começar a responder a seguinte pergunta "Com taxa SELIC tão baixa porquê investir em Renda Fixa?". Obviamente a Renda Fixa que a maioria de vocês conhece (Poupança, CDB, LCI, etc...) são atreladas à SELIC e com ela tão baixa não faz muito sentido mesmo investir grande parte de seu dinheiro ali. Lembrando que no caso a Poupança rende 70 % da Taxa SELIC quando ela está abaixo de 8,5 % e nos CDBs que são de liquidez diária, isto é, você pode sacar a qualquer momento temos dependendo do Banco uma rentabilidade de 83 (Banco Grande: Banco do Brasil, ITAU, etc.) a 100% (Bancos digitais: Nubank, Inter etc.) da SELIC ou CDI (A taxa CDI tem valor muito próximo ao da SELIC).

Renda Fixa com Lucidez: Estratégias Profissionais para sua Carteira de Investimentos

Hoje, 28/08/21, temos SELIC a 3,5 % após dois aumentos consecutivos de 0,75 % ocorridos nas últimas duas reuniões do Banco Central que ocorrem a cada 45 dias, assim que a aproximadamente uns 2 meses atrás tínhamos SELIC a 2 %). Abaixo lhes apresento o comportamento da Taxa SELIC desde maio de 2011 até a data de hoje, 28/08/21. Assim que, se a SELIC permanecer em 3,5 % você que está na Poupança irá receber 70 % da rentabilidade de 3,5 %, isto é, 2,45 % ao ano, enquanto quem está com a conta remunerada de algum banco digital irá ganhar 3,5 % ao ano bruto, mas como há incidência de Imposto de Renda nesse investimento diferentemente da Poupança, que é isenta, irá receber entre 2,75 a 2,975 % ao ano, dependendo de do período em que o dinheiro ficou nesta aplicação financeira. Caso o tempo tenha sido menor de 6 meses a alíquota de Imposto de Renda será de 22,5 % e o fator multiplicativo resultante será 0,7875, enquanto que se o tempo for de mais de 2 anos a alíquota decresce para 15 % e o fator multiplicativo será de 0,85. Repare que no pior cenário o uso de Bancos digitais supera as Poupanças dos Bancos grandes, pois o fator multiplicativo da Poupança é

0,7 (0,7 X 3,5 % = 2,45 % ao ano, rentabilidade da Poupança com Taxa SELIC constante a 3,5 %).

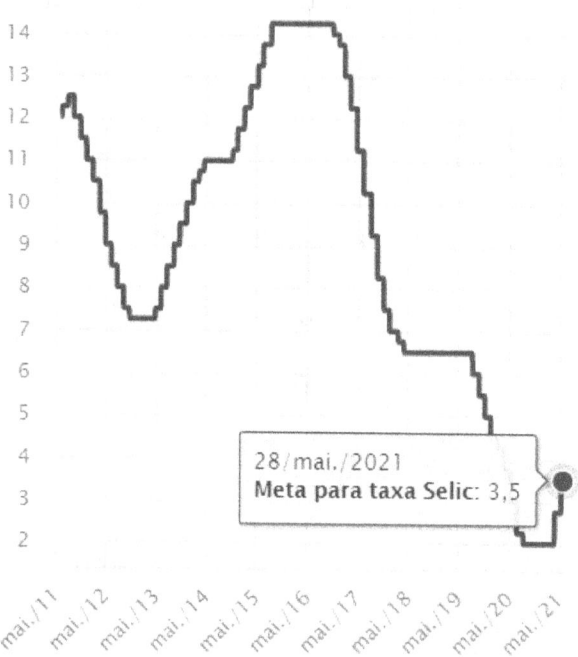

Aproveitando o gancho que deixei na última frase ...com Taxa SELIC constante a 3,5 % lhes peço para olhar novamente para o gráfico acima da variação da SELIC com o tempo. Vocês podem ver que esta Taxa SELIC não consegue fica parada por muito tempo, né? Daí que assumir ela constante, mesmo por 1 ano somente, seria ingênuo da minha parte. Daí que eu conheço várias pessoas com anos de experiência no mercado financeiro que mesmo sabendo da estratégia que irei compartilhar com vocês não a executa por medo de que esta Taxa SELIC atinja valores muito altos, como por exemplo, os 14,25 % de maio de 2016 (próximo da data do Impeachment da Dilma). Daí que eles preferem deixar seu dinheiro alocado em Renda Fixa ou nos Bancos Digitais ou no Título do Tesouro Nacional atrelado a Taxa SELIC (Título Tesouto SELIC), que também paga 100 % (bruto) da Taxa SELIC.

Um pouco mais de Lucidez nos Investimentos em Renda Fixa

Espero que você tenha já entendido bem o porquê não vale a pena ter nem 1 real na Poupança. E seguindo com a idéia de adicionar um pouco mais de Lucidez nos Investimentos em Renda Fixa lhes apresento a minha estratégia. Ela se baseia na prefixação. Isto é, ao invés de deixarmos o nosso dinheiro alocado (quando digo alocado, me refiro à divisão/alocação dos recursos em outros investimentos como Imóveis, Bolsa de Valores, etc.) em Renda Fixa que fica a mercê desta variação da SELIC, nós tomarmos a rédea e assumirmos o risco de Prefixá-la em um momento em que pelos

Diego Tresinari, Ph.D.

nossos estudos faça sentido. E um destes momentos é agora. Abaixo você pode ver meu post na página do Centro de Estudos Financeiros no Facebook (www.facebook.com/centrodeestudosfinanceiros) há 10 dias atrás (21/05/2021).

Centro de Estudos Financeiros - Assessoria de Investimentos Independente
Publicado por Diego Tresinari Dos Santos · 21 de maio às 14:08

Olá. Não me contive e precisei compartilhar com a maior quantidade de pessoas possível. "Meu Dinheiro rendendo 13,5 % ao ano nos próximos 10 anos". De maneira extraordinária irei em breve te enviar gratuitamente o "Informe Renda Fixa com Lucidez" com a descrição completa da estratégia que estou fazendo com meu próprio dinheiro em Renda Fixa e que tenho compartilhado recentemente em mentorias. Se quiser receber este informe me avise. Para saber mais sobre meu trabalho de mentorias acesse:
www.centrodeestudosfinanceiros.com.br

Mas, porém, contudo, todavia... Irei falar um pouquinho de outro momento em que apliquei esta estratégia e deu certo. Diferentemente dos meus colegas com experiência no mercado financeiro que mencionei anteriormente que preferem os investimentos de Renda Fixa que pagam 100 % da Taxa variável do CDI/ SELIC, eu durante os meses próximos a maio de 2016 comprei CDBs de Bancos pequenos (Banco Tricury na época), que estavam pagando taxa fixa, assim que eu pré-fixei meu dinheiro por vários anos (foram 4 anos, a liberação do dinheiro ocorreu em 2020) a uma taxa de 15 % ao ano. Assim que, enquanto meus colegas estavam vendo a sua rentabilidade inicial de 14,25 % ao ano cair a cada reunião do Banco Central, até o valor mais baixo de 2 % em 2020, eu estava feliz da vida a constante taxa de 15 % durante estes 4 anos em que meu dinheiro ficou preso.

Última pitada de Lucidez nos Investimentos em Renda Fixa

Desde 2019 eu venho atendendo pessoas interessadas em sair da inescrupulosa relação gerente de banco-cliente e venho percebendo que sempre quando eu lhes ensino esta estratégia elas ficam muito receosas com a idéia de deixar seu dinheiro preso por tanto tempo. No meu caso particular que compartilhei eu deixei meu dinheiro por 4 anos preso, porém há casos em que você pode deixar o seu dinheiro preso até a data de 2050 (29 anos).

Diego Tresinari, Ph.D.

Assim que quando eu vejo em suas faces certo incomodo eu logo lhes apresento a última pitada de Lucidez nos Investimentos em Renda Fixa. Ela se baseia na estratégia de fazermos uma divisão da quantidade de dinheiro que a pessoa deseja alocar em Renda Fixa. Por exemplo, se ela deseja investir 100 mil reais em renda fixa e não fica confortável em deixar todo o dinheiro preso por 10 anos para receber 13,5 % ao ano, ela pode comprar diferentes CDBs com vencimentos com prazos menores, por exemplo, de 2 anos para receber 9,5 % ao ano e 4 anos para receber 10,5 % ao ano, etc. Assim ela tem uma carteira de investimento em renda fixa em que a cada ano ou 2 anos tem-se dinheiro sendo liberado, eliminando a angustia de sentir que seu dinheiro somente vai ser liberado depois de muitos anos.

Aliada a este fracionamento de capital em vários CDBs com diferentes vencimentos, também podemos deixar uma quantidade designada para gastos de emergência que podem acontecer durante o período de vigência desta carteira de investimento. Daí que fará sentido para nós nesta estratégia deixar uma pequena parte do dinheiro atrelada ao CDI/Taxa SELIC pagando os 100 % que os Bancos Digitais pagam ou o

Título do Tesouro Nacional – Tesouro SELIC ao custo de podermos tirar esta quantia a qualquer momento (o termo do economês seria liquidez diária). Possivelmente, iremos ter uma perda da rentabilidade, porém ganharemos segurança para que a nossa carteira de Renda Fixa flua adequadamente.

Estratégia Revelada

Na corretora que irei apresentar para vocês há a possibilidade de após 45 dias do dinheiro investido você pedir um resgate antecipado deste CDBs Pré-fixados que estou mencionando. Porém, o meu conselho é que você nunca faça este pedido, pois a corretora irá comer muito teu por esta tua falta de planejamento. Por exemplo, se você investir 50 mil no CDB que está dando os 13,5 % ao ano do Banco Maxima com vencimento em 2021, após 45 dias se você precisar sacar você sacará somente 40 mil. Assim que ou você executa com muita cautela e planejamento o passo a passo que estou lhe ensinando ou esquece e deixe nos investimento de 100% CDI/Taxa SELIC que você pode sacar quando quiser sem ser penalizado. Abaixo lhes mostro o CDB mencionado.

Diego Tresinari, Ph.D.

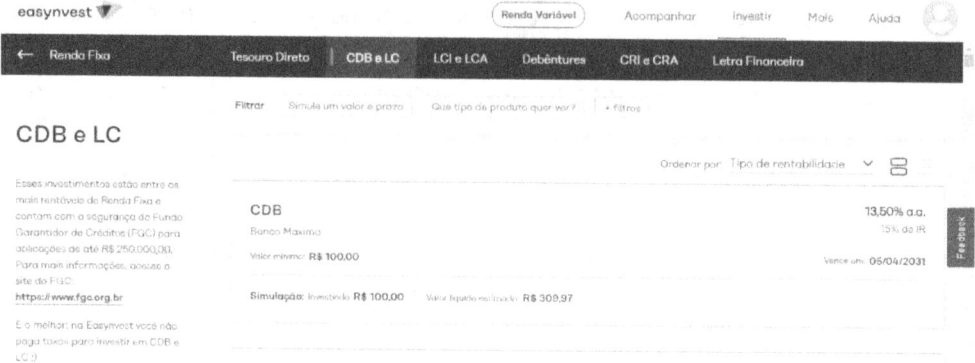

A corretora em que encontrei esta rentabilidade tão boa por a Easynvest (https://www.easynvest.com.br/). Eu tenho conta em diferentes corretoras e geralmente às escolho devido a sua qualidade em determinado aspecto. Assim que, no momento, escolhi a Easynvest para Investimentos em Renda Fixa, por somente nela eu poder encontrar CDBs com vencimentos tão longos (até 10 anos, nas outras somente encontrava com vencimentos até 5 anos), que conseqüentemente me propicia rentabilidades mais altas. Pelo exemplo real que dei anteriormente, você consegue encontrar na plataforma da Easynvest hoje CDB que bloqueia seu dinheiro por somente 2 anos, mas te paga 9,5 % ao ano, já se aumentarmos o tempo para 4 anos a rentabilidade aumenta para 10,5 % ao ano. Reitero que não estou ganhando nada da Easynvest para mencioná-la aqui e que o meu trabalho de mentoria de investimento preza pela independência e isenção de conflito de interesses sempre.

E por hoje é só... se você é iniciante no Centro de Estudos Financeiros.

Bastidores da Estratégia (Estudo Financeiro realizado)

Há uma outra parte que desejo compartilhar com vocês que envolve os bastidores deste tomada de decisão minha em deixar "Meu Dinheiro rendendo 13,5 % ao ano nos próximos 10 anos", porém somente se você já fez alguma mentoria ou curso envolvendo a ferramenta de Análise Gráfica/Técnica comigo você provavelmente irá entender.

Abaixo segue o gráfico do contrato futuro de juros com vencimento em 2031 (ano do vencimento do referido CDB que estou comprando). Conforme vocês podem ver pela Análise Gráfica/Técnica temos uma possível formação de topo duplo e figura "M".

Diego Tresinari, Ph.D.

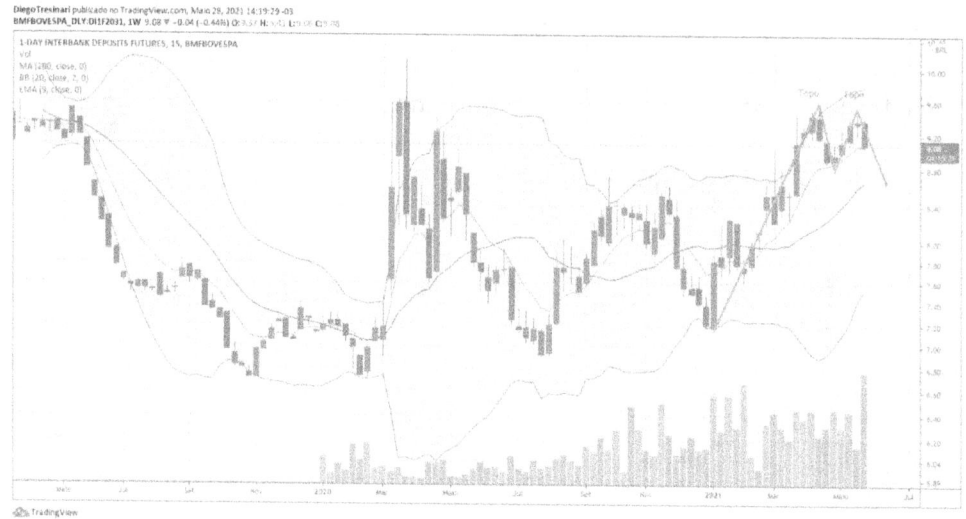

E ao estudos o gráfico do contrato futuro de juros com vencimento em 2025, que possuí um histórico maio também podemos observar uma possível formação de topo duplo e figura "M" ao contato com a média móvel aritmética de 200 (em verde, média mais longe descendo), após uma aceleração muito forte (rali) (distanciou bastante da média móvel de 20, dentro da Banda de Bollinger, em vermelho) que fez os preços do contrato saírem de 5,70 para 8,5.

Renda Fixa com Lucidez: Estratégias Profissionais para sua Carteira de Investimentos

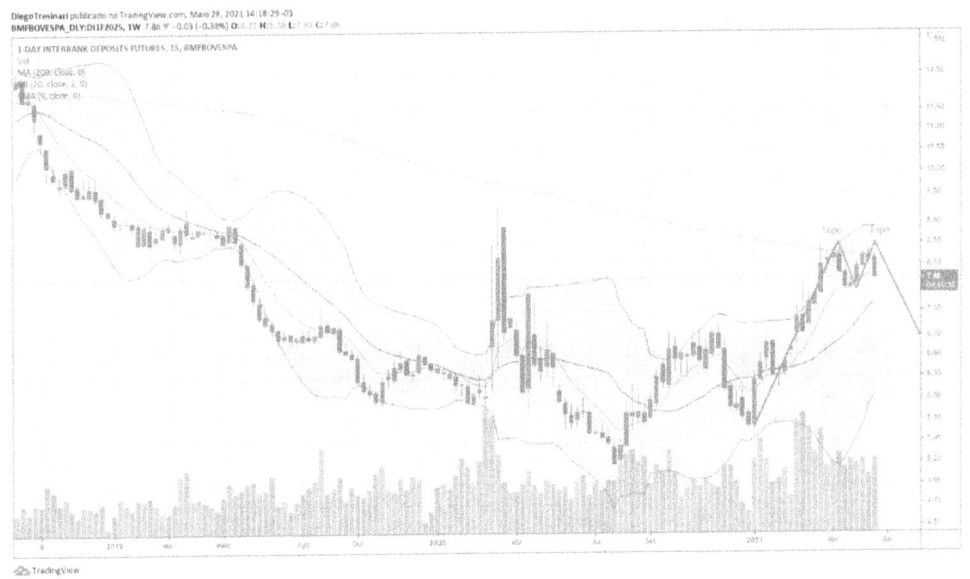

Assim que, diante desta possibilidade de queda no valor destas contratos de juros longos corri para comprar este CDB com taxa de 13,5 % ao ano, pois eles são correlacionados, isto é, ao cair estes contratos, o Banco Maxima provavelmente irá diminuir o valor da rentabilidade que está pagando para quem empresta seu dinheiro a ele.

Outro ponto que me fez correr para comprar este CDB também foi o prêmio de risco a mais que ele está pagando em relação ao título do Tesouro Nacional com mesmo vencimento

Diego Tresinari, Ph.D.

(https://www.tesourodireto.com.br/titulos/precos-e-taxas.htm). O Título do Tesouro Prefixado 2031 está pagando uma rentabilidade anual de 9,10 %, enquanto que, o CDB do Banco Maxima está pagando 13,5 % (4,4 % a mais de prêmio de risco).

Prêmio de risco é prêmio que os Bancos pagam em relação ao investimento mais seguro que existe, Títulos do Tesouro Nacional. E na minha visão este prêmio de 4,4 % está exagerado e também pode reduzir. E ao se falar sobre risco, na minha visão este risco a mais de investir num banco pequeno que não conhecemos ao invés de não investir nosso dinheiro nos Bancos Grandes ou no Tesouro Nacional é mitigado pela Garantia que o Fundo Garantidor de Crédito (FGC) (https://www.fgc.org.br/) nos dá para investimentos no valor de até 250 mil reais. E fazendo as contas para você ficar com todo o seu dinheiro coberto com o Banco Maxima até 2031 você somente pode colocar hoje no máximo 80 mil reais, pois ele se tornará 248 mil reais daqui 10 anos. Com esta rentabilidade tão alta, pelo menos na minha humilde opinião, o seu dinheiro triplicaria em 10 anos.

Estudo Financeiro mais amplo realizado

E ao fazermos um estudo mais amplo, envolvendo o estudo gráfico do Índice da bolsa de valores do Brasil, dólar, ETF EWZ (Brasileira negociada nos Estados Unidos), Índice Dow Jones (Bolsa dos Estados Unidos), Índice Bolsa da Alemanha, Índice da Bolsa da China, Preço do Minério de Ferro e Preço do Petróleo percebemos que este RALI na curva de juros longas (2025, 2031) Brasileira está desalinhada com o resto. Obviamente, tivemos elevações na Taxa SELIC de 2 % para 3,5 % devido à inflação ter subido forte recentemente, porém na minha visão há um exagero neste impacto na curva de jutos e um topo duplo deve acontecer. Diferentemente do possível topo duplo no Índice da bolsa de valores do Brasil. Destaque o segundo Topo com um "?" porquê acho muito pouco provável a sua formação. O que deve acontecer é a formação de um pico (descaracterizando o topo duplo) e seguindo o IBOV a linha tracejada ascendente verde.

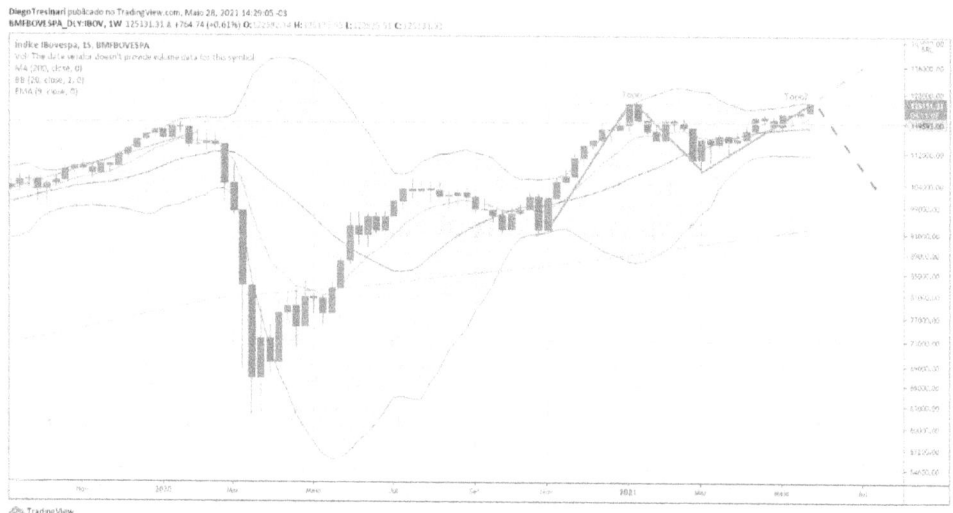

Quanto ao dólar ele deve continuar caindo seguindo a linha azul do "M" mais alongado, cumprindo a configuração de um topo triplo ou se você preferir um novo "M" grande. O "M" mais enxuto, em laranja, deixei desenhado para os mentorados do CEF verem como foi o desfecho do dólar que estudamos ano passado (2020) no Informe "Investidor-Trader Lúcido".

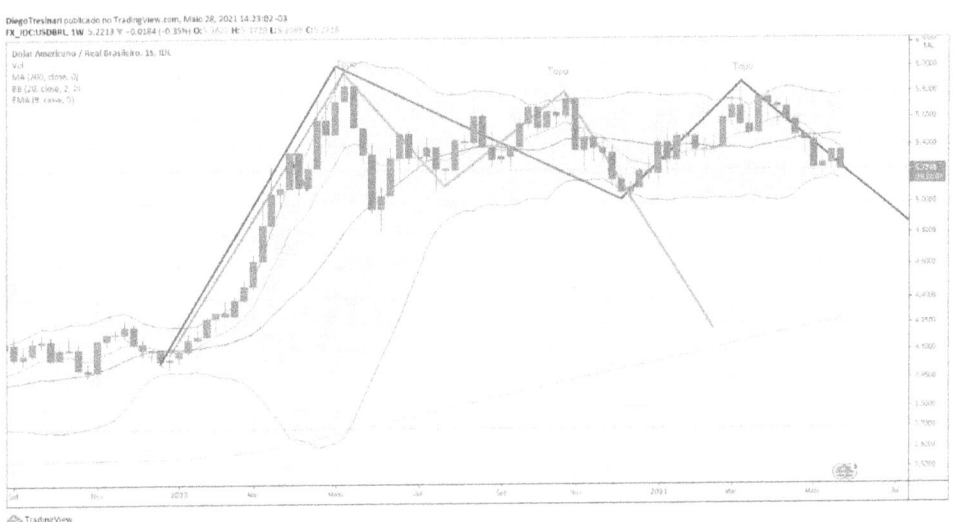

E corroborando o estudo de que IBOV continuará subindo e dólar caindo na ETF EWZ (Brasileira negociada nos Estados Unidos) teríamos o caminho mais provável de continuidade da tendência de alta, o gráfico percorrendo o caminho da linha tracejada ascendente verde.

Diego Tresinari, Ph.D.

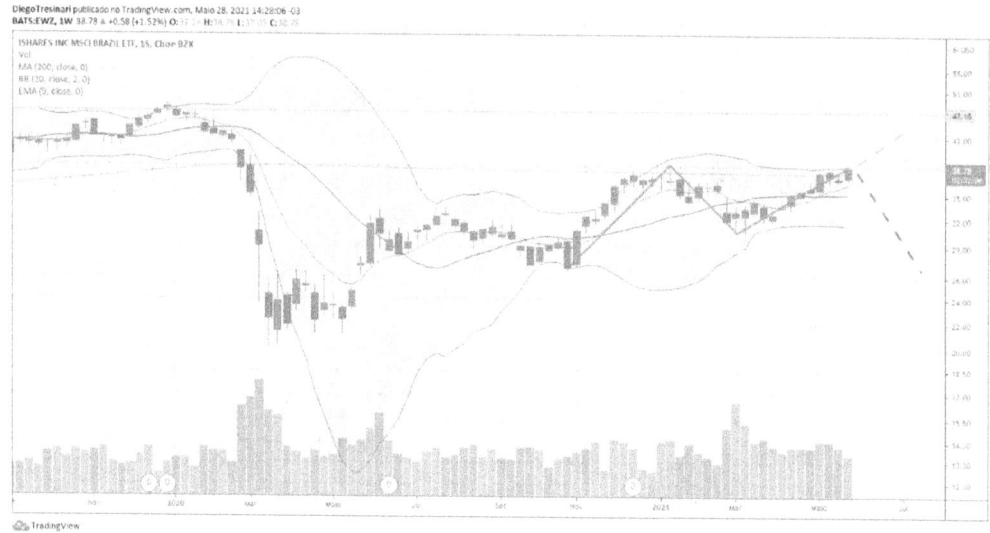

E ao olhar o resto do mundo, também vemos que a tendência das principais bolsas internacionais segue em alta, valores acima da média móvel aritmética de 20.

Renda Fixa com Lucidez: Estratégias Profissionais para sua Carteira de Investimentos

Índice Dow Jones (Bolsa dos Estados Unidos)

Índice Bolsa da Alemanha

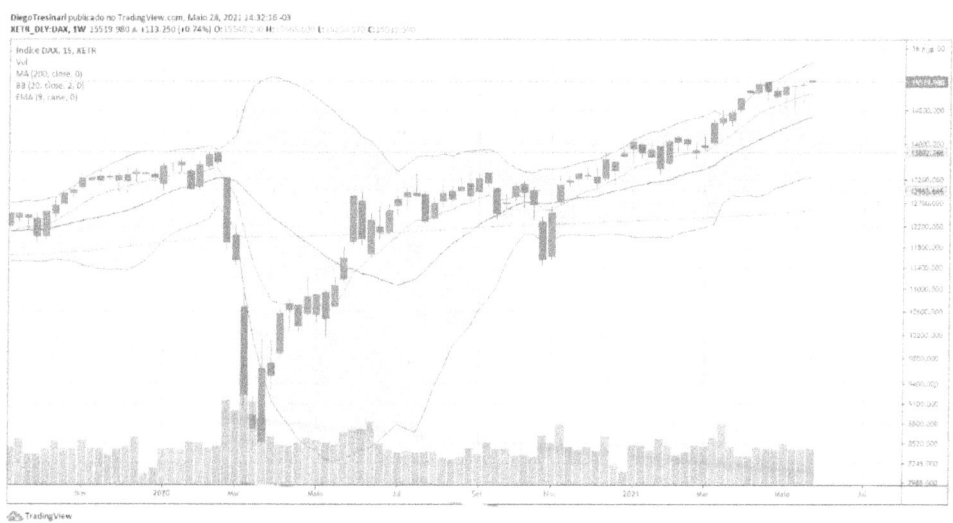

Índice Bolsa da China

O que é corroborado pela manutenção da tendência de alta dos preços do Minério de Ferro e Petróleo.

Renda Fixa com Lucidez: Estratégias Profissionais para sua Carteira de Investimentos

Preço do Minério de Ferro

Preço do Petróleo

Diego Tresinari, Ph.D.

Espero que vocês venham de grão em grão aumentando a sua Educação Financeira. E quem quiser fazer mentorias de investimentos individuais ou participar dos próximos cursos (temos duas opções: o "Trader Lúcido" e o "Investidor Lúcido") é só me chamar pelo WhatsApp: (19) 99805-0484. Mais informações você encontra no site do Centro de Estudos Financeiros (www.centrodeestudosfinanceiros.com.br).

Bons estudos financeiros e até breve.

Renda Fixa com Lucidez: Estratégias Profissionais para sua Carteira de Investimentos

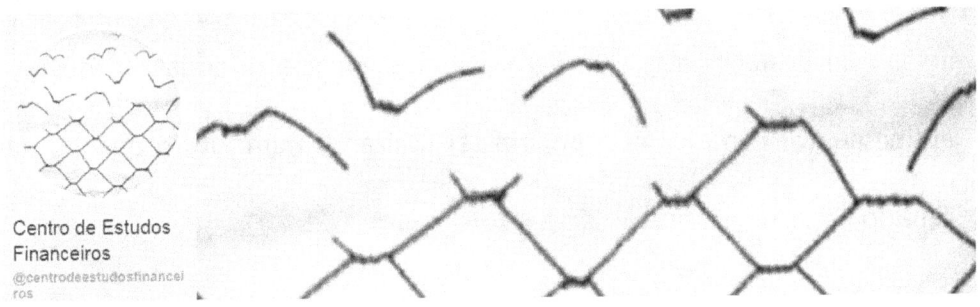

CONSIDERAÇÕES FINAIS

O livro "Renda Fixa com Lucidez: Estratégias Profissionais para sua Carteira de Investimentos" apresenta o detalhamento da minha dinâmica durante a tomada de decisão na renda fixa (CDBs e Títulos do Tesouro Nacional pré-fixados) usando uma visão holística e nada usual, que utiliza a ferramenta da Análise Gráfica/técnica. Em linguagem simples e acessível este livro foi formulado a partir de um documento (Informe "Renda Fixa com Lucidez") compartilhado no mês de junho de 2021 para alguns mentorados do Centro de Estudos Financeiros (www.centrodeestudosfinanceiros.com.br). Com a chamada "Meu Dinheiro rendendo 13,5 % ao ano nos próximos 10 anos" iniciei o informe e apresentei a descrição completa da estratégia que estava fazendo com meu próprio dinheiro em Renda Fixa na ocasião. E ao final apresentei diferentes aspectos da referida estratégia e discuti as vantagens e riscos envolvidos nela. Vale destacar que este livro é atemporal e a referida estratégia e ensinamentos contidos nele podem ser utilizados num futuro quando um cenário parecido acontecer.

Como considerações finais vale destacar que o referido estudo gráfico de possibilidade de formação da figura de queda "M" nos contratos de juros futuros 2025 e 2031 (que acarretaria na queda da rentabilidade oferecida pelos títulos do tesouro nacional e CDBs, por eles estarem intimamente conectados) pode não acontecer. Lembrando do caso do dólar, o primeiro "M", mais enxuto, desenhado em laranja não aconteceu ano passado (2020), porém está acontecendo um "M" mais alongado indicado em azul neste momento (junho de 2021). Assim que, de maneira análoga tal comportamento pode acontecer com os contratos de juros futuros. Outra possibilidade é a negação da figura "M" e a formação de um pivô de alta (como desenhado para o Índice Bovespa, por exemplo), tendo assim a continuidade da tendência de alta, fazendo com que os contratos futuros tenham valores maiores e conseqüentemente a rentabilidade oferecida dos títulos de renda fixa acompanhem esta subida. Porém, mesmo neste cenário na minha visão o ganho totalizado com uma rentabilidade de 13,5 % ao ano a partir de hoje durante os próximos 10 anos dificilmente seria alcançado via investimentos pós-fixados atrelados a Taxa SELIC mesmo com a SELIC indo para patamares de 13-14 % (vistos no período próximo ao Impeachment da Dilma em 2016), uma vez que a patamares tão altos o tempo de duração da SELIC nela costuma ser bem reduzido.

Como a premissa por traz da minha tese de investimentos é o que o efeito nos juros longos foram exagerados e uma correção deve acontecer, não é aconselhado comprar títulos do tesouro pré-fixados (2031 com juros semestrais, por exemplo) pensando em fazer a sua venda antecipada com lucro, pois a correção pode não ser no preço e sim no tempo (caso de um "M" mais alongado, com mercado lateralizando), levando em conta que o ciclo de alta da Taxa SELIC ainda está no começo (tivemos somente 2 aumentos de 0,75 ponto, saindo de 2 % para 3,5 %). A estratégia de ganhar com a venda antecipada de títulos pré-fixados do tesouro é mais acertada de se fazer quando estamos no fim no ciclo de alta da Taxa SELIC, por exemplo no período próximo ao Impeachment da Dilma em 2016. Naquela ocasião eu também apliquei esta segunda estratégia e comprei títulos do tesouro a 14,25 % e os vendi quando o tesouro estava ofertando-os com uma rentabilidade de somente 11 %, embolsando um lucro devido a sua valorização pela marcação a mercado. Para você entender como se dá esta valorização é só você pensar que o valor do título é indiretamente proporcional a sua rentabilidade, assim que quando a rentabilidade ofertada de um título cai, o seu preço para quem o detinha sobe e se você quiser fazer a sua venda para embolsar este lucro é só você vendê-lo no sistema do Tesouro Direto.

Aproveitando a menção desta interconexão entre os contratos de juros futuros e os títulos de renda fixa, reitero aqui que o valor do contrato de juros futuro DI1F2031 tem uma correlação bem aproximada com a rentabilidade que o título do tesouro nacional com vencimento em 2031 costuma ofertar, bem como o contrato DI1F2025 com o título de vencimento em 2025. Assim que, o uso do estudo gráfico destes contratos pode ser muito simples e oportuno ao se desenvolver estratégias para Investimentos em Renda Fixa.

E por fim, como venho falando de diferentes tipos de Investimentos em meus livros, mentorias e cursos gostaria de esclarecer que sou partidário da diversificação, assim que sou da opinião que devemos ter tanto renda variável, quanto fixa, assim como imóveis em nossa carteira de investimentos. Porém, vejo que para quem é mais conservador ou não tem dinheiro suficiente para comprar Imóveis uma carteira com somente Renda Fixa pré-fixada como esta que fizemos hipoteticamente com títulos de 2 anos pagando 9,5 % ao ano, de 4 anos pagando 10,5 % ao ano e de 10 anos pagando 13,5% ao ano, o que daria uma rentabilidade média de 11,16 % ao ano (bruto) e 9,49 % ao ano líquido está muito bem, comparando-a com à rentabilidade média em que você teria ao comprar um Imóvel para alugar hoje 6 % ao ano (0,5 % ao mês).

Diego Tresinari, Ph.D.

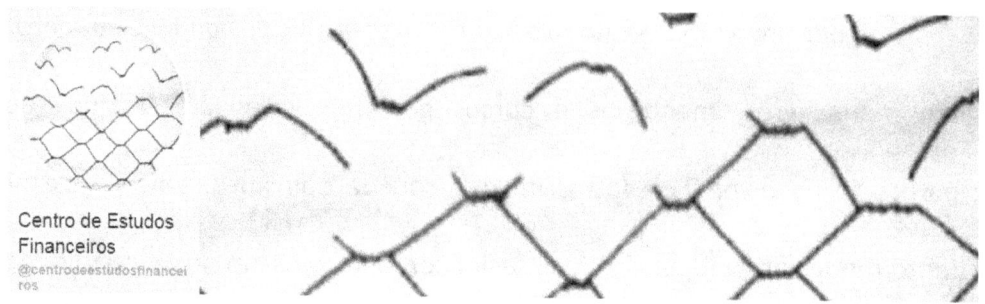

CENTRO DE ESTUDOS FINANCEIROS (ASSESSORIA DE INVESTIMENTOS INDEPENDENTE) (www.centrodeestudosfinanceiros.com.br)

O Centro de Estudos Financeiros (CEF) é um centro de desenvolvimento pessoal e educação financeira localizado no centro de Barão Geraldo, Campinas, que tem como objetivo ajudar as pessoas a encontrarem sua lucidez financeira. As 6 ciências norteadoras do CEF são:

1. Analise Gráfica/Técnica dos preços dos ativos;

2. Analise Fundamentalista de empresas e fundos de investimentos imobiliários (Fiis);

3. Análise de cenários macroeconômicos nacional e internacional;

4. Engenharia econômica aplicada à renda fixa, tesouro direto/imóveis/juros compostos/criação de indicador econômico pessoal;

5. Ayurveda para o autoconhecimento;

6. Mindfulness para auto-análise;

O funcionamento do centro se dá através do agendamento de mentoria/consultoria individualizada presencial ou on-line pelo valor de 150 reais por 1 hora e meia no tema desejado pelo interessado. Assim que o cliente consegue ter um aprendizado completo sobre um determinado tema que ele deseja aprender (por exemplo, investir em Fundos de Investimentos Imobiliários ou Ações da Bolsa de Valores usando às Análises Fundamentalistas e Gráficas concomitantemente, etc.) ao fazer algumas sessões. De maneira mais comum o cliente prefere fazer 1 sessão por mês ou a cada 15 dias para dar tempo de absorver tudo o que trabalhamos na sessão prévia.

Diego Tresinari, Ph.D.

Também há a possibilidade de aprendizado em grupo via cursos on-line ou presencial. Há dois tipos de curso: o "Investidor Lúcido" (6 h, R$ 250) e o "Trader Lúcido" (10 h, R$ 400).

Contato: diego_tresinari@yahoo.com.br ; Tel/WhatApp: (19) 9.9805-0484

FAQ - Perguntas e Respostas Freqüentes

Com o objetivo de fornecer esclarecimentos acerca dos serviços que o Centro de Estudos Financeiros realiza seguem algumas das Perguntas Freqüentes que costumo responder.

1) Irei sair do seu atendimento com o dinheiro já aplicado em um ótimo investimento? Como você trabalha?

Não, eu trabalho de uma maneira diferente dos principais profissionais que trabalham com o tema Investimentos. De maneira geral temos 2 profissionais que atendem às pessoas: o Gerente de Banco e o Assessor de Investimento de Banco ou Corretora. Porém em comum eles têm a mesma abordagem de te deixar dependente das recomendações deles, além do conflito de interesse que acontece ao eles serem pagos por corretagem sobre o produto financeiro (CDB, Fundo DI, Plano de Previdência Privada, Seguro de Vida, etc.) que eles te venderem (assim que de maneira mais comum eles são tentados a te recomendar o produto financeiro que dê melhor corretagem para eles, geralmente Fundos de Investimentos em Ações ou Multimercado). Eu já atuo com uma ótica de te deixar independente de mim e sem conflito de interesse algum, uma vez que eu cobro por tempo gasto em ficar disponível para te atender no tema financeiro que você quiser aprender. Assim como eu orientava alunos de Mestrado e Doutorado em seus respectivos estudos quando atuava como Pesquisador Acadêmico, eu proponho um estudo Financeiro da sua saúde financeira em que você é o "Doutorando" e eu o "Orientador/Supervisor/Mentor" deste estudo, que tem como resultado a melhoria e o entendimento dos seus problemas financeiros e/ou potencialização dos seus ganhos através de melhores investimentos.

2) E se eu somente quiser seguir no padrão comum de você cuidar da minha saúde financeira, tudo bem? Você me atende?

Sim. Algumas pessoas vêm até mim com esta mentalidade e eu as atendo similarmente a um assessor de investimentos sem problemas. Agente faz o procedimento padrão de diversificar os seus investimentos em renda fixa, renda variável, etc... Porém, o que realmente começa a acontecer é que quando eu menciono esta outra possibilidade de abordagem, mais focada na independência e auto-responsabilização pela sua seu próprio problema de saúde financeira e obviamente pela sua própria capacidade de sanar-lo, a pessoa logo no segundo ou terceiro encontro já muda de atitude e começa a me pedir que cada vez mais que a ensine tudo que sei sobre Finanças e Investimentos. Assim, logo a assessoria/consultoria começa a se transformar no que eu chamo de acompanhamento/mentoria individualizada independente.

3) Assim você quer somente nos ensinar sobre Finanças e Investimentos?

Exatamente. O Centro de Estudos Financeiros é uma instituição educacional, porém que acredita no ensino individualizado e construído junto com alguém (mentor) que já superou problemas de saúde financeira similares. Assim as idéias "casa de ferreiro o espeto é de pau" ou "faça o que eu digo e não faça o que eu faço", etc. não se aplicam nos atendimentos do Centro. Eu utilizo o que está sendo ensinado pelos principais pesquisadores sobre Macroeconomia, Engenharia Econômica, Análise Fundamentalista e Análise Gráfica da cotação de Ativos com uma grande eficácia há anos, assim que pensei em compartilhar com à pessoas interessadas tanto estas ciências em si, como os resultados das experimentações que venho sistematicamente fazendo desde 2008. Eu cansei de ficar sendo o chato empolgado falando em grupos que não queriam ouvir nada do tipo: "sabe que realmente a nossa mente atua contra a nossa vontade de acumular dinheiro"; "sabe que poupar é mais importante que investir no começo da sua jornada financeira"; "sabe que investir na bolsa de valores não é um bixo de 7 cabeças assim"; "sabe que os japoneses e os americanos de antigamente estão certos que a análise gráfica funciona, realmente há padrões nos mercados financeiros assim como há estações climáticas"; "sabe que estou reparando que toda época do ano há um rali nas ações de empresas cotadas na bolsa de valores", etc.

4) E quais ferramentas você utiliza e orienta os teus "alunos/clientes" a testar?

As ferramentas são bastante variadas, que vão deste mudanças na rotina diária tais como separar o dinheiro para investir logo que o salário seja pago, observação do valor das cotações de alguns ativos para tentar encontrar padrões e etc. Para cada pessoa um tipo de ferramenta será mais efetivo, porém o segredo para ter resultados relevantes está justamente no uso combinado de várias ferramentas e técnicas de análise de investimentos. Por isto, um acompanhamento de quem já testou muito e é um estudioso/cientista/pesquisador por natureza seja oportuno.

5) E qual é a sua formação acadêmica?

Renda Fixa com Lucidez: Estratégias Profissionais para sua Carteira de Investimentos

Eu tenho graduação e doutorado na Área de Engenharia pela USP e Unicamp, respectivamente, e pós-doutorados na Suíça e Espanha na área de Engenharia Econômica, tendo atuado como pesquisador desde 2004. Ademais invisto nos mercados imobiliário e financeiro desde 2008.

6) **E de quanto tempo são os seus encontros? Valor? Pode ser on-line? E se o meu caso financeiro é sério? E se não tenho dinheiro para investir, mas gostaria de aprender a ser Trader?**

O tempo de duração dos encontros costuma ser de aproximadamente 1 hora e meia e o valor sessão de R$ 150,00. Sim podemos conversar on-line. Eu utilizo nos encontros on-line WhatsApp ou Messenger juntamente com Google Hangouts/Meet para poder ver a pessoa, enquanto compartilho as minhas anotações na tela do computador. Se o seu caso financeiro é sério melhor ainda. Eu adoro desafios e ajudar pessoas a sair de entraves financeiros mais comuns como: tirar dinheiro da poupança pois não rende nada; vencer o medo de começar a investir em ações; quando comprar imóveis; comprar ou alugar uma casa, etc. estão me entediando um pouco.

O que mais me está motivando recentemente é um caso de um homem que tem uma aversão enorme a enriquecer e de outro que costuma falir todo negócio que entra. Assim que para estes casos além das ciências exatas-probabilísticas que utilizo eu recorro a ajuda da ciência humana-comportamental Psicologia Ayurvédica. Se você deseja se tornar um Trader também posso te ajudar nesta sua jornada. Eu já treinei algumas pessoas com este objetivo sendo que alguns optaram por fazer Trades com Bitcoin e outras criptomoedas e outros de fazer Day-trade no mercado futuro ou em Opções na bolsa de valores.

7) **Em quanto tempo de Mentoria Individual eu consigo me tornar um Investidor Profissional?**

Pela experiência que venho tendo ao dar mentoria à diferentes perfis de pessoas tenho visto que em média após 2-3 sessões de 1 h e meia (R$ 150 cada sessão; R$ 450 por 3 sessões) a pessoa já sai com um nível intermediário de conhecimento (Por exemplo: já aprende Renda Fixa pré-fixada, Fundos Imobiliários e Imóveis). Ao realizar outras 3 sessões (R$ 450

Renda Fixa com Lucidez: Estratégias Profissionais para sua Carteira de Investimentos

por 3 sessões; totalizando R$ 900 por 6 sessões) daí o nível de conhecimento sobe para o nível avançado (Por exemplo: já aprende Ações, Análise Fundamentalista, Análise Gráfica, etc.). E se a pessoa desejar atingir um nível análogo ao que definimos com idiomas: nível fluente em investimentos, daí ela podería fazer mais 3 sessões (R$ 450 por 3 sessões; totalizando R$ 1.350 por 9 sessões) (Por exemplo: já aprende Mercado Futuro, Análise Gráfica Avançada, Criptomoedas, Day-trading, etc.). Assim que, eu comparo o preço de 4-5 mil reais que alguns educadores financeiros vem cobrando por cursos on-line ao pacote de 9 sessões no valor de R$ 1.350 em termos de quantidade de conteúdo, porém com as inúmeras vantagens além do preço mais reduzido: 1) eu não cobro pelo pacote e sim por sessão, daí que se vc somente desejar fazer 1, 2 ou 3 sessões para aprender somente determinado tema, tudo bem; 2) a minha abordagem é totalmente individualizada diferente da maioria dos mentores que fazem sessão de mentoria em grupo, daí que eu tenho pessoas que fazem mentorias há mais de 1 ano, que vão marcando sessões, aplicando o conhecimento no mercado financeiro, ganhando dinheiro com ele e pagando as próximas sessões com este mesmo dinheiro ganho no mercado, fazendo um ciclo virtuoso de aprendizado-lucro-aprendizado-lucro.

Renda Fixa com Lucidez: Estratégias Profissionais para sua Carteira de Investimentos

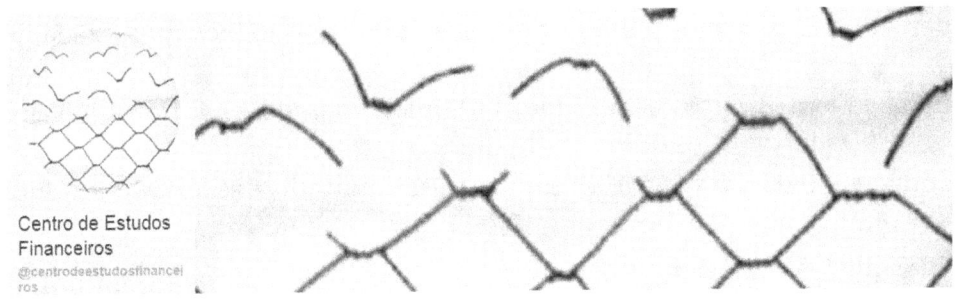

GLOSSÁRIO – TIPOS DE INVESTIMENTOS DISCUTIDOS (CDB, Certificado de Depósito Bancário)

"Emprestando Dinheiro para um Banco" - (http://www.b3.com.br/pt_br/produtos-e-servicos/registro/renda-fixa-e-valores-mobiliarios/certificado-de-deposito-bancario.htm)

O Certificado de Depósito Bancário (CDB) é um dos instrumentos financeiros mais tradicionais do mercado brasileiro e o título de Renda Fixa mais adquirido pelo investidor pessoa física, sendo uma importante fonte de captação de recursos para as instituições financeiras.

As características do CDB são determinadas no momento de sua contratação. Na ocasião, prazo e forma de rendimento são previamente definidos. Sua remuneração, que pode ser prefixada ou pós-fixada, é baseada em diversos indexadores. O mais utilizado é a Taxa-DI (valor aproximado da Taxa SELIC). A B3 faz registro de CDBs desde 1986 e é líder nesse mercado.

Para os investidores, os principais atrativos do CDB estão no fato do instrumento ser elegível à cobertura do Fundo Garantidor de Créditos (FGC). O risco de quem adquire um CDB está diretamente associado à solidez de seu emissor, uma instituição financeira.

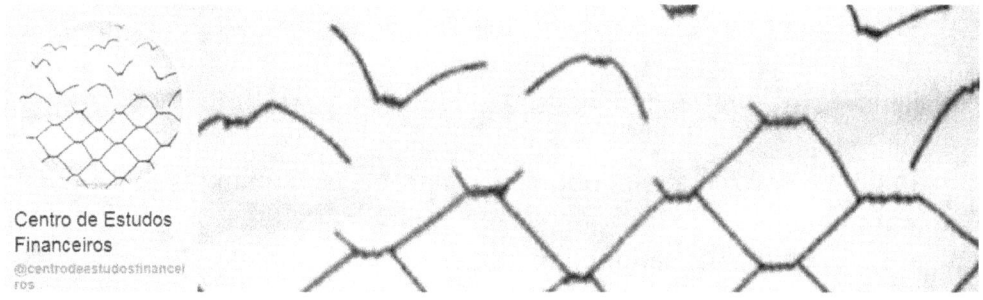

GLOSSÁRIO – Fundo Garantidor de Créditos (FGC)

"Protegendo o seu dinheiro com um 'seguro' " - *(*https://www.fgc.org.br/*)*

Desde a década de 90, por conta da crescente preocupação das autoridades com a estabilidade do sistema financeiro, começaram a surgir, de maneira formal, os sistemas de garantia de depósito, o que acabou se tornando uma verdadeira tendência mundial. O Brasil, por sua vez, não ficou para trás.

A estabilidade do sistema financeiro pode ser entendida como a implementação de instrumentos de acompanhamento e controle que formam espécies de redes de proteção.

Diego Tresinari, Ph.D.

Empréstimos de última instância, regulação eficaz, fiscalização eficiente, estrutura legal adequada e proteção direta a depositantes, por meio de um sistema garantidor, são alguns dos componentes dessa rede e visam um sistema bancário sólido e saudável.

É dentro desse contexto que, em agosto de 1995, uma resolução do Conselho Monetário Nacional (CMN) autoriza a "constituição de entidade privada, sem fins lucrativos, destinada a administrar mecanismos de proteção a titulares de créditos contra instituições financeiras", segundo termos do documento.

Dessa forma, em novembro de 1995, nasce o Fundo Garantidor de Créditos - FGC, uma associação civil, sem fins lucrativos, com personalidade jurídica de direito privado. Muito mais do que "pagador de dívidas", que só surge em cena em momentos dramáticos, o FGC conta com profissionais preparados para agir de maneira preventiva em todo o sistema bancário e financeiro, atuando de maneira pontual e, muitas vezes, silenciosa para garantir um funcionamento fluido e harmônico de todo o sistema.

Renda Fixa com Lucidez: Estratégias Profissionais para sua Carteira de Investimentos

SOBRE A GARANTIA FGC

GARANTIA ORDINÁRIA – até R$ 250 mil

O total de créditos de cada pessoa contra a mesma instituição associada, ou contra todas as instituições associadas do mesmo conglomerado financeiro, será garantido até o valor de R$ 250.000,00 (duzentos e cinquenta mil reais), limitado ao saldo existente.

Fazem parte da garantia ordinária proporcionada pelo FGC os seguintes créditos:

Depósitos à vista ou sacáveis mediante aviso prévio;

Depósitos de poupança;

Letras de câmbio (LC);

Letras hipotecárias (LH);

Letras de crédito imobiliário (LCI);

Letras de crédito do agronegócio (LCA);

Depósitos a prazo, com ou sem emissão de certificado RDB (Recibo de Depósito Bancário) e CDB (Certificado de Depósito Bancário);

Depósitos mantidos em contas não movimentáveis por cheques destinadas ao registro e controle do fluxo de recursos referentes à prestação de serviços de pagamento de salários, vencimentos, aposentadorias, pensões e similares;

Operações compromissadas que têm como objeto títulos emitidos após 8 de março de 2012 por empresa ligada.

Limitação da garantia até R$ 1 Milhão

O Conselho Monetário Nacional (CMN) aprovou, em 21 de dezembro de 2017, a alteração promovida no Regulamento do Fundo Garantidor de Créditos (FGC), que estabelece teto de R$ 1 milhão, a cada período de 4 anos, para garantias pagas para cada CPF ou CNPJ.

Renda Fixa com Lucidez: Estratégias Profissionais para sua Carteira de Investimentos

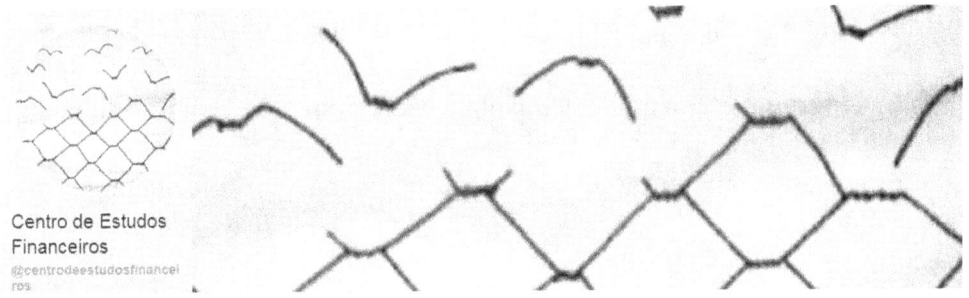

GLOSSÁRIO – TIPOS DE INVESTIMENTOS DISCUTIDOS (Tesouro Direto)

"Emprestando Dinheiro para o Governo Federal" - (https://www.tesourodireto.com.br/)

Tesouro Direto é um Programa do Tesouro Nacional desenvolvido em parceria com a B3 para venda de títulos públicos federais para pessoas físicas, de forma 100% online.

Lançado em 2002, o Programa surgiu com o objetivo de democratizar o acesso aos títulos públicos, permitindo aplicações a partir R$ 30,00.

O Tesouro Direto é uma excelente alternativa de investimento pois oferece títulos com diferentes tipos de rentabilidade (prefixada, ligada à variação da inflação ou à variação da taxa de juros básica da economia - SELIC), diferentes prazos de vencimento e também diferentes fluxos de remuneração. Com tantas opções, fica fácil achar o título indicado para realizar seus objetivos!

Além de acessível e de apresentar muitas opções de investimento, o Tesouro Direto oferece boa rentabilidade e liquidez diária, mesmo sendo a aplicação de menor risco do mercado.

Renda Fixa com Lucidez: Estratégias Profissionais para sua Carteira de Investimentos

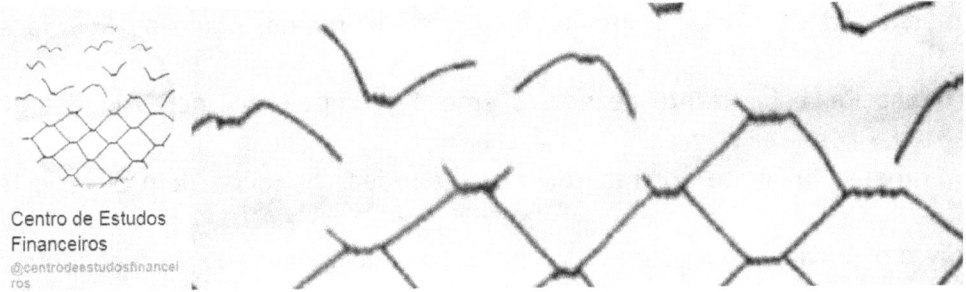

OUTROS LIVROS – Liberdade Financeira Ayurvédica: Insights de Minha Jornada

Liberdade Financeira Ayurvédica, originalmente publicado em inglês em março de 2020 com o título Ayurvedic Financial Freedom, é um livro sobre como você pode usar o melhor de si mesmo para se tornar financeiramente independente. Na direção oposta da maioria dos renomados livros e gurus do enriquecimento, este livro se concentra em saber que devemos assumir o controle de nossa vida financeira e buscar liberdade e paz interior. A etapa de autoconhecimento é conduzida usando os tradicionais sistemas orientais Ayurveda e Mindfulness para expor as ilusões da mente e trazer nosso corpo-mente de volta ao equilíbrio. O conhecimento dos 3 biotipos do Ayurveda, Vata, Pitta e Kapha, é usado para compreender nossa própria personalidade, a fim de expor nossas forças e fraquezas em relação à questões financeiras. O primeiro passo da jornada é abraçar nossa personalidade e usar o melhor dela para definir um plano de liberdade financeira. Estar ciente de nossas emoções, impulsos e necessidades no momento presente nos manterá com as rédeas na mão. Além disso, este livro o convida a descobrir como pode ser emocionante e surpreendente o caminho até chegar à liberdade financeira. Como pano de fundo, é utilizada minha própria jornada e experiência de liberdade financeira, o que resultou em muitos exemplos práticos e histórias engraçadas. Também são expostos alguns conceitos que pesquisei sobre engenharia econômica durante meu doutorado e estudos de pós-doutoramento.

(https://www.amazon.com.br/Liberdade-Financeira-Ayurv%C3%A9dica-Insights-Jornada-ebook/dp/B08LMZSWZT)

Renda Fixa com Lucidez: Estratégias Profissionais para sua Carteira de Investimentos

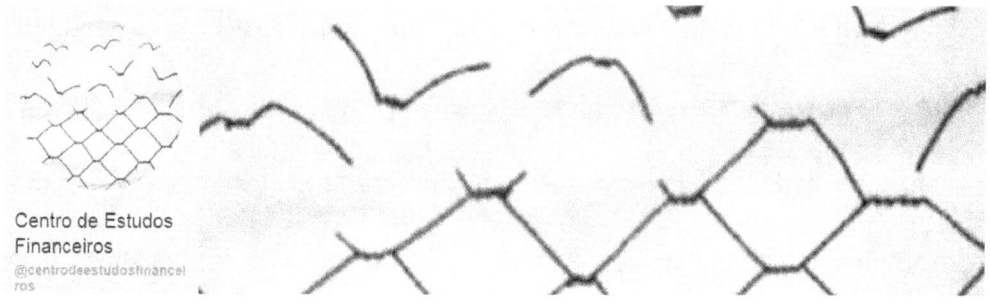

OUTROS LIVROS – Ayurvedic Financial Freedom: Insights From My Wealth Journey (Edição em Inglês)

Ayurvedic financial freedom is a book about how you can use the best of yourself to become financial free. In the opposite direction of most renowned get-rich-books and gurus, this book focus on knowing ourselves to take control of our financial life and search for freedom and inner peace. The self knowledge step is conducted using the ancient eastern systems of Ayurveda and Mindfulness to expose the illusions of the mind and to bring our mind-body back into balance. The knowledge of the 3 Ayurveda biotypes, Vata, Pitta and Kapha, is used to understand our own personality in order to expose our strength and weakness regarding money issues. The first step of the journey is embracing our personality and using the best of it to settle a financial freedom plan. To be aware of our emotions, impulses and needs in the present moment will keep us in the track. In addition, this

Diego Tresinari, Ph.D.

book invites you to discover how exciting and amazing can be the road until arriving at the financial freedom point. As background, it is used my own financial freedom journey and experience, what resulted in many practical examples and funny stories. It is also exposed some concepts that I have researched about engineering economics during my Ph.D. and Postdoctoral studies. (https://www.amazon.com.br/Ayurvedic-Financial-Freedom-Insights-Journey-ebook/dp/B086PMHXYT)

Renda Fixa com Lucidez: Estratégias Profissionais para sua Carteira de Investimentos

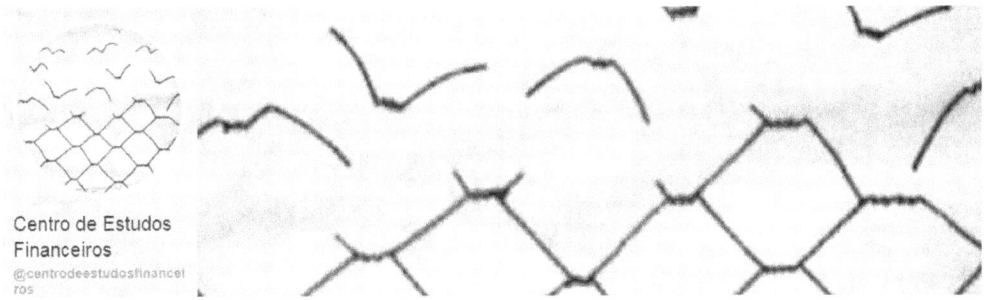

OUTROS LIVROS – Ações com Lucidez: a Saga de um Investidor Iniciante na Bolsa de Valores

O livro "Ações com Lucidez" apresenta o detalhamento da saga de um Investidor iniciante na renda fixa (Tesouro Direto) e na renda variável (Ações da Bolsa de Valores e Fundos de Investimentos Imobiliários, FIIs). Em linguagem simples e acessível este livro foi formulado através da compilação de documentos publicados na página do facebook do Centro de Estudos Financeiros (www.facebook.com.br/centrodeestudosfinanceiros) durante o ano de 2019, utilizando dados reais de um cliente que eu vinha prestando sessões de mentoria financeira desde 2017. O referido cliente se enquadra em um perfil que possivelmente deva ser similar ao da grande maioria dos Brasileiros: estava preocupado com a fase de sua aposentadoria, reforma da previdência social, etc.; sabia algo sobre Imóveis e nada sobre investimentos no mercado financeiro.

(https://www.amazon.com.br/gp/product/B08C8ZZFNC/ref=dbs_a_def_rwt_bibl_vppi_i1)

Diego Tresinari, Ph.D.

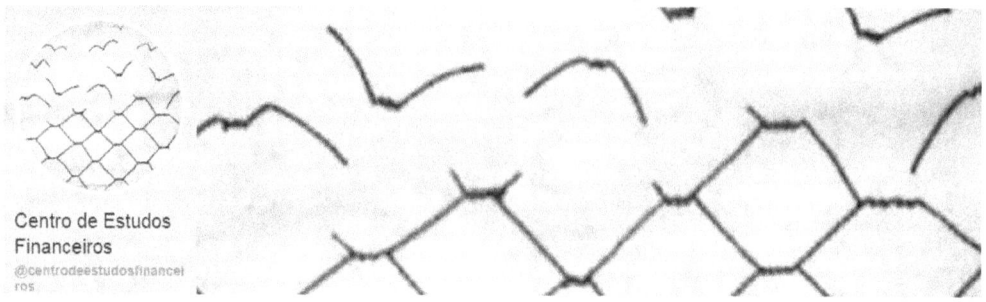

OUTROS LIVROS – Investidor-Trader Lúcido: Acabando com a Polarização no Mundo dos Investimentos

O livro "Investidor-Trader Lúcido: Acabando com a Polarização no Mundo dos Investimentos" apresenta o detalhamento da minha dinâmica durante a tomada de decisão na renda variável (Ações da Bolsa de Valores, Fundos de Investimentos Imobiliários, Criptomoedas e Mini-contratos Futuros) usando uma visão holística e nada usual, que utiliza tanto ferramentas que os Investidores usam: Análise Fundamentalista, assim como as que os Traders comumente fazem uso: Análise Gráfica. Em linguagem simples e acessível este livro foi formulado através da compilação de 7 documentos publicados mês a mês (de junho a dezembro) na página do facebook do Centro de Estudos Financeiros (www.facebook.com.br/centrodeestudosfinanceiros) durante o ano de 2020, utilizando dados reais de meus investimentos/operações pessoais

Renda Fixa com Lucidez: Estratégias Profissionais para sua Carteira de Investimentos

e/ou de mentorados que dou mentoria financeira. Após 3 operações com mini-contratos de dólar e 4 investimentos/operações com ações utilizando a "Metodologia Zen", que faz uso da Análise Gráfica usando Candles semanais, o que possibilita acompanhar o mercado somente 1 h por semana às sextas-feiras durante o período da tarde, foi-se obtido uma rentabilidade no período (7 meses) de 37,24 %, o que representa uma rentabilidade anualizada de 63,84 % (se somente considerarmos os ganhos com ações, sem considerar os ganhos com mercado futuro obteve-se uma rentabilidade de 43,15 % ao ano; próximo da média obtida ano a ano desde 2013, isto é nos últimos 8 anos).

(https://www.amazon.com.br/Investidor-Trader-L%C3%BAcido-Acabando-Polariza%C3%A7%C3%A3o-Investimentos/dp/B08RBDFRLP/ref=tmm_pap_swatch_0?_encoding=UTF8&qid=&sr=)

Diego Tresinari, Ph.D.

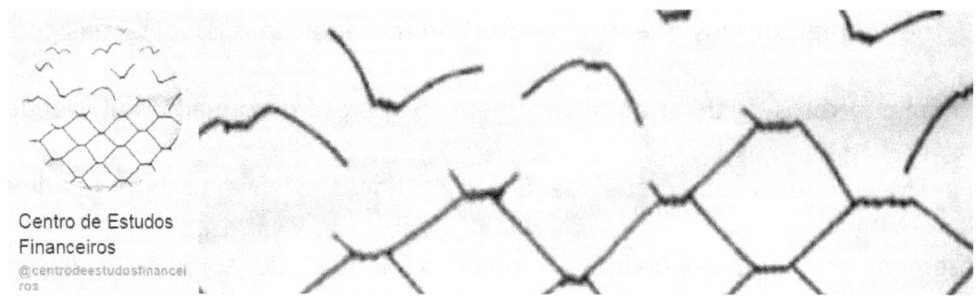

SÉRIE DE LIVROS NA AMAZON – Investimentos com Lucidez

Todos os livros acima fazem parta da série de livros: Investimentos com Lucidez. Ainda serão lançados brevemente os livros: Imóveis com Lucidez e Renda Fixa com Lucidez que farão parte desta série, bem como possivelmente outros relacionados à temática finanças e investimentos, assim que para acompanhar o lançamento dos próximos livros acesse o link: https://www.amazon.com/-/pt/gp/product/B08NGPLYNM?ref_=dbs_dp_rwt_sb_tkin&binding=kindle_edition.

A série Investimentos com Lucidez é uma série que contém livros que abordam tanto os temas finanças pessoais e investimentos [Renda Fixa,

Renda Fixa com Lucidez: Estratégias Profissionais para sua Carteira de Investimentos

Tesouro Direto, Ações, Dólar, Fundos Imobiliários, Imóveis, Investimentos Responsáveis (ESG): investimentos sustentáveis e socialmente responsáveis, Criptomoedas, etc.] quanto autoconhecimento e surge de um projeto pessoal que brotou na reta final de minha jornada de liberdade/independência financeira. Iniciado em 2008 a minha jornada financeira foi se entrelaçando durante os anos com a minha jornada de autoconhecimento e culminou no primeiro livro da série: Ayurvedic Financial Freedom: Insights From My Wealth Journey (2020), que posteriormente foi traduzido para o Português recebendo o título: Liberdade Financeira Ayurvédica: Insights de Minha Jornada. Este é um livro sobre como você pode usar o melhor de si mesmo para se tornar financeiramente independente. Na direção oposta da maioria dos renomados livros e gurus do enriquecimento, este livro se concentra em saber que devemos assumir o controle de nossa vida financeira e buscar liberdade e paz interior. A etapa de autoconhecimento é conduzida usando os tradicionais sistemas orientais Ayurveda e Mindfulness para expor as ilusões da mente e trazer nosso corpo-mente de volta ao equilíbrio. O conhecimento dos 3 biotipos do Ayurveda, Vata, Pitta e Kapha, é usado para compreender nossa própria personalidade, a fim de expor nossas forças e fraquezas em relação à questões financeiras. Assim que o primeiro passo da jornada é abraçar nossa personalidade e usar o melhor dela para definir um plano de liberdade financeira, estando ciente de nossas emoções, impulsos e necessidades no momento presente para nos manter com as rédeas na mão.

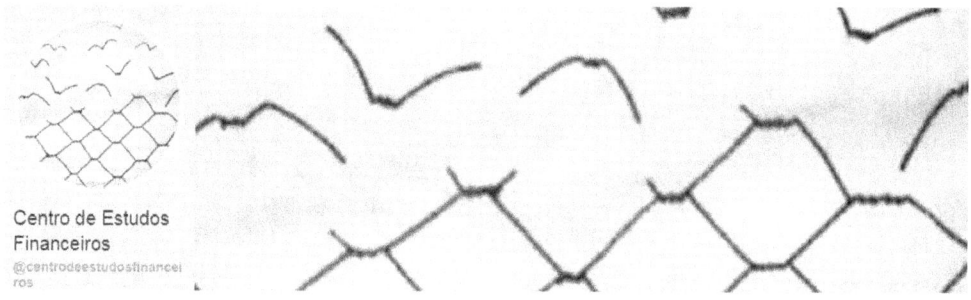

TUTORIAL – INCLUSÃO DOS INDICADORES DE ANÁLISE GRÁFICA DISCUTIDOS (Bandas de Bollinger e Médias Móveis)

A seguir é apresentado o detalhamento de como inserir os indicadores de análise gráfica discutidos: bandas de bollinger e médias móveis de 9 e 20 períodos na plataforma do Tradingview.

O acesso a plataforma do Tradingview é realizado pelo site https://br.tradingview.com/. E para você manter todos os seus estudos gráficos salvados é melhor que você faça um login. O acesso é gratuito e pode ser feito via sua conta do Google, Facebook, etc... (veja abaixo).

Diego Tresinari, Ph.D.

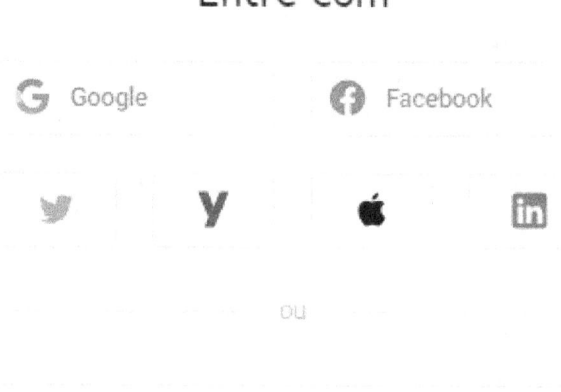

Para fazer os estudos gráficos que fiz durante todos os informes eu usei o plano gratuito (Basic) da Plataforma, porém se você desejar há outros planos que você pode contratar (veja abaixo). Um ponto ruim que acontece comigo todas às tardes de sextas-feiras quando estou fazendo os meus estudos é que fica aparecendo Pop-ups de propagandas. Porém, com um pouco de paciência eu vou e clico para fechar a propagando e volto para os meus estudos.

Renda Fixa com Lucidez: Estratégias Profissionais para sua Carteira de Investimentos

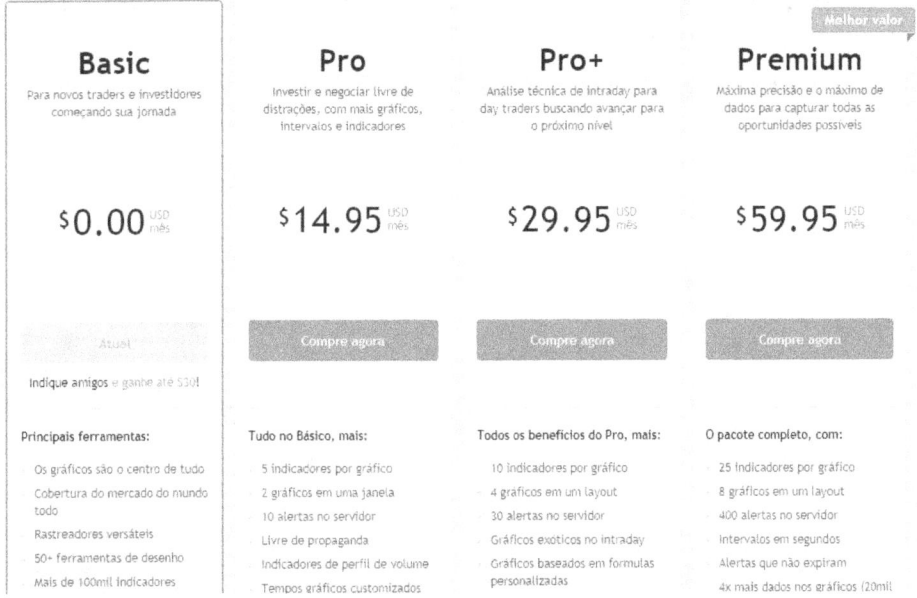

Uma vez feito o login você deve clicar em "Gráfico" (Veja abaixo).

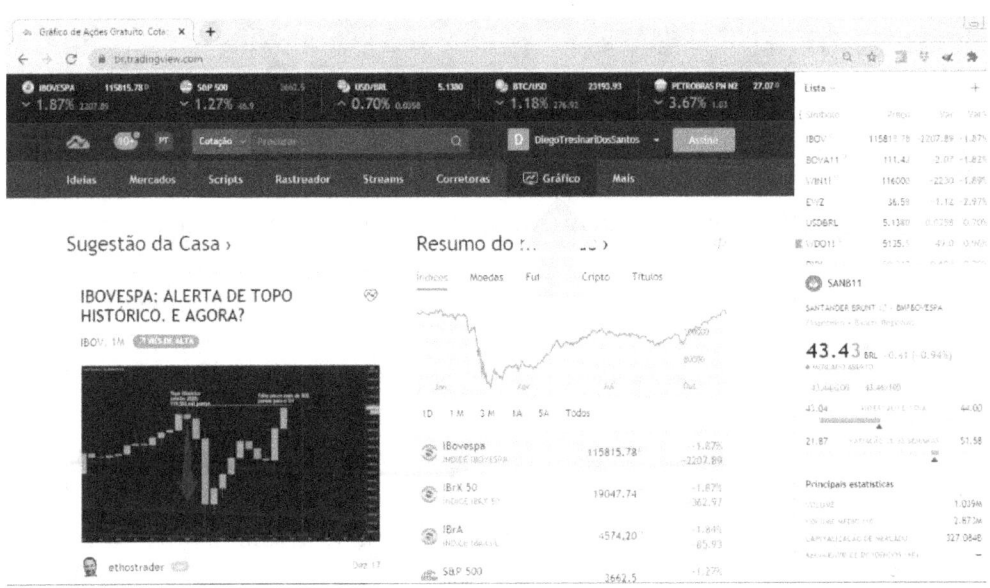

Diego Tresinari, Ph.D.

Em seguida você insere o código do ativo que você deseja fazer o estudo no canto do alto da esquerda em "Pesquisa de Símbolo" indicado com um retângulo no topo (Veja abaixo).

Especificamente escolhi o código SANB11 para fazer o estudo do comportamento das cotações das ações do Banco Santander. No caso prévio eu já havia feito a inclusão das linhas de tendência horizontais e inclinadas. Para você fazê-las você deve clicar no cantinho do alto da esquerda em "Ferramentas de Linhas de Tendência" para posteriormente você selecionar ou "Linha de Tendência" indicado com um retângulo para desenhar as linhas inclinadas ou "Linha Horizontal" indicado com um retângulo para desenhar as linhas horizontais.

E para inserir especificamente os indicadores de análise gráfica discutidos neste livro você deve clicar no símbolo "Indicadores & Estratégias" indicado com um retângulo no topo (Veja abaixo).

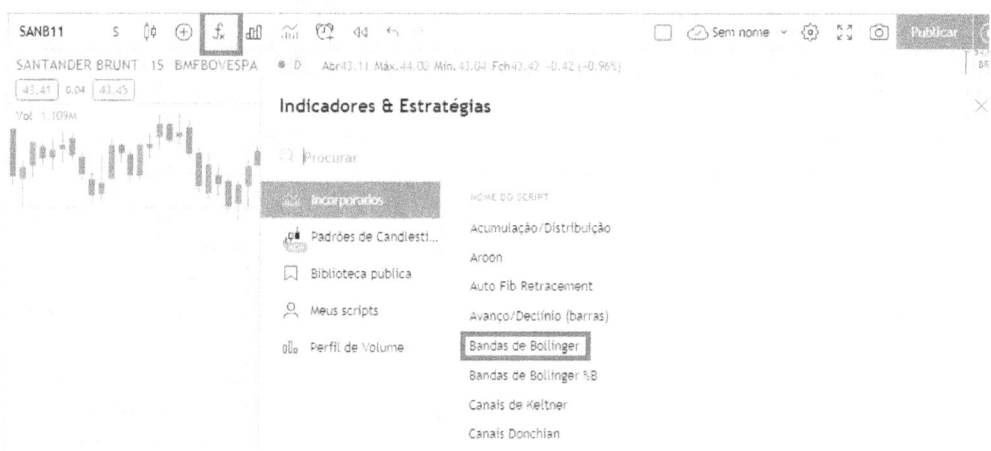

Vocês verão que logo aparece as "Bandas de Bollinger" uma vez que os indicadores são listados em ordem alfabética. Daí você dá um clique em "Bandas de Bollinger" e após encontrar "Média Móvel" você dá um segundo clique e por último você dá um terceiro e último clique em "Média

Móvel Exponencial" e clica no X indicado com um retângulo no canto direito. Assim você inseriu os 3 indicadores que uso e descrevi no livro. Mas e MACD, IFR (RSI), Estocástico, etc.? Eu já testei o uso da maioria deles, mas hoje prefiro usar somente os 3 que indiquei.

E por último, falta somente a acertar a configuração da Média Móvel (MA) (retângulo) uma vez que a configuração inicial dela é 9 Períodos e desejamos trocar para 200 (Veja Abaixo). Uma vez alterado o número 9 para 200 se você desejar ficar com um gráfico igualzinho ao meu você pode alterar a cor da linha (clicando em estilo) e posteriormente no quadrado. Eu faço esta alteração, pois originalmente a cor da MA é assim como a da EMA (Exponential Moving Average: Média Movel Exponencial) e eu não desejo ficar com duas médias móveis de cor igual para não confundir.

Renda Fixa com Lucidez: Estratégias Profissionais para sua Carteira de Investimentos

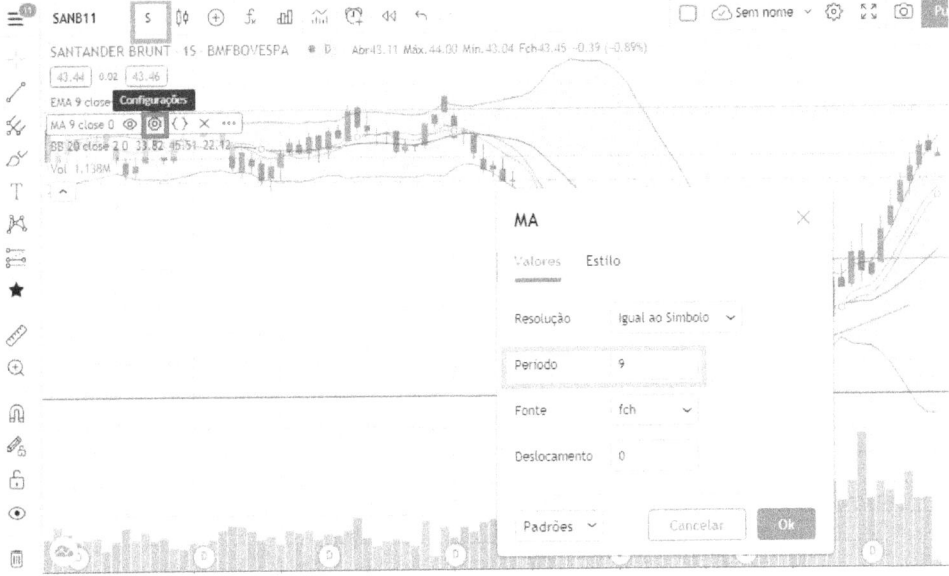

E por último não se esqueça de selecionar o período da apresentação do seu gráfico para 1 Semana (retângulo com a letra S) para a aplicação da "Metodologia Zen" que venho ensinando a vocês se ajuste de maneira mais precisa, pois daí as médias móveis serão de 9 (azul, média mais próxima), 20 (vermelho, média que faz parte da Banda de Bollinger) e 200 (verde, média mais distante) semanas. E Voilà! Abaixo segue o gráfico bonitinho.

Diego Tresinari, Ph.D.

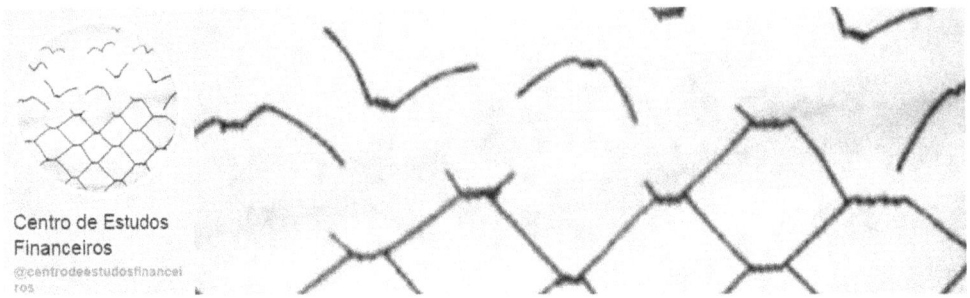

ANÁLISE GRÁFICA SEGUNDO METODOLOGIA ZEN DO CEF

De maneira resumida a "Metodologia Zen" se baseia no entendimento de que nos momentos de reversão de tendência do mercado que a Ciência da Análise Gráfica tem a sua máxima eficiência, assim a tomada de decisão atinge o seu ápice em termos de Risco/Retorno, isto é, menor Risco e maior Retorno possível. A vantagem é que ela pode ser aplicada tanto por Investidores quanto por Traders no mercado financeiro e pode ser utiliza para diferentes ativos: contratos futuros de juros, ações, fundos imobiliários, etc. Talvez eu seja a primeira pessoa que você esteja escutando chamar a Análise Gráfica ou Técnica de Ciência e eu assim o faço porquê a exatidão que eu observo nela ao aplicar a "Metodologia Zen" realmente me possibilita, eu como um Cientista da Área de Engenharia Econômica e da Área de Alimentos, chamá-la assim.

Renda Fixa com Lucidez: Estratégias Profissionais para sua Carteira de Investimentos

O termo Zen que escolhi para dar nome a metodologia, vem do Zen Budismo em que reforça que Buda concluiu depois de anos experimentando que vale a pena seguirmos sempre pelo caminho do meio se afastando das opções extremadas/polarizadas que nossa mente pendular tende a escolher.

No estudo gráfico usando a Ciência da Análise Gráfica segundo a "Metodologia Zen" cada barra/vela/candle representa o que aconteceu durante uma semana. A opção do uso do gráfico semanal é devido à busca por exatidão/precisão da aplicação da Análise Gráfica. Porém, aliado a isto a "Metodologia Zen" também faz uso da confirmação da candle que somente se dá quando o valor do fechamento se dá abaixo do valor da mínima do candle anterior (caso de inicio de queda, como o mencionado no livro para o contrato de juros futuros 2025 e 2031).

De maneira geral, o tempo que me leva para executar a "Metodologia Zen" que eu lhe venho apresentando é somente no máximo 1 h às sextas à tarde por semana. Qualquer tempo maior do que isto pela minha experiência é extremamente prejudicial, pois você pode entrar na idéia de tentar usar à Ciência da Análise Gráfica para os períodos diários, o que se demonstrará com uma eficiência muito baixa, além de te gerar um estresse desnecessário.

Além do uso dos indicadores de análise gráfica inseridos na plataforma do Tradingview: bandas de bollinger e médias móveis de 9 e 200 períodos e uso da técnica de Candlestick a "Metodologia Zen" também faz uso da análise de figuras. Assim que quando temos um "M" (topo duplo) (exemplo demonstrado) sendo formado esperamos uma queda segundo a análise gráfica sob a óptica da "Metodologia Zen".

www.ingramcontent.com/pod-product-compliance
Lightning Source LLC
Chambersburg PA
CBHW081455220526
45466CB00008B/2648